EL UNIVERSO COMO UN COMPUTADOR CUÁNTICO

Las matemáticas parecen tener poder generador: la existencia y veracidad de las relaciones matemáticas parece ser una necesidad lógica, algo así como las "verdades necesarias" de las que hablan los filósofos; el famoso teorema de Gödel de la lógica matemática no contradice esto; por el contrario, más bien lo que demuestra es que la riqueza de las matemáticas parece ser infinita, y ningún sistema finito de axiomas (un sistema formal) es suficiente para derivar todas las verdades matemáticas.

Científicos como Eugene Wigner han expresado su asombro ante la "casi irrazonable efectividad de las matemáticas para describir el mundo físico".

Einstein, Dirac, Roger Penrose y otros han manifestado pensamientos similares.

Julian Barbour, John Barrow y algunos más, casi han llegado a sugerir que podríamos estar viviendo en el "mundo matemático" de Platón (más adelante explicaremos lo que es).

Max Tegmark lo ha propuesto directamente. Los científicos usan ahora los computadores para hacer simulaciones por ordenador de procesos físicos, como el tiempo atmosférico, el movimiento de los astros, el plegamiento de las proteínas, predicción de genes y muchas otras cosas, y esas simulaciones resultan muy útiles y precisas para calcular lo que ocurre realmente.

Parece que solo hay un paso muy corto desde ahí, a pensar que el Universo es realmente un gran computador.

Pero como ya expresara Richard Feynmann, si las leyes más básicas del Universo no son las leyes de la física clásica, sino las de la física cuántica (junto con la Relatividad), el Universo debería ser simulado, no por un ordenador clásico, sino por un ordenador cuántico.

Si la simulación fuese perfecta sería indistinguible del Universo real; de modo que el Universo tendría que ser considerado como un ordenador cuántico, y esto es lo que están proponiendo físicos y científicos que investigan en informática cuántica, pues, como ellos dicen: "la informática cuántica es mecánica cuántica"; en efecto un ordenador cuántico es un sistema que utiliza los "estados de superposición" típicos de la teoría cuántica antes de que se produzca la decoherencia, como "puertas lógicas".

Las "puertas lógicas" son los circuitos eléctricos que un ordenador clásico usa para hacer sus computaciones; se les llama "puertas lógicas" porque son circuitos en los que entran, en forma de impulsos eléctricos, unos "datos" (información) determinados; según el "diseño" de cada circuito o "puerta lógica" la corriente eléctrica se encaminará o bifurcará por un lado o por otro, siendo así procesada (o sometida a un proceso), y saldrá por la parte del circuito a la que haya sido dirigida, con unos determinados valores u otros; el "microprocesador" del ordenador contiene muchos circuitos que además pueden ser remodelados o reconfigurados para hacer muchas cosas diferentes, dependiendo del "programa" que se utilice; según los valores de salida que tengan esos impulsos eléctricos, pueden hacer que cada punto de la pantalla del ordenador se ilumine con mayor o menor intensidad, y así aparezca en la pantalla una fotografía u otra, o hacer que las membranas de los altavoces vibren con diferentes frecuencias (con mayor o menor rapidez) y reproducir así el sonido; así es como un solo aparato sirve para hacer muchas cosas distintas, como ver imágenes y películas, escuchar música, escribir y muchas otras cosas; pero al descubrir la teoría cuántica, los científicos supieron que todo sistema físico, antes de ser sometido a la observación o a la medida, debe ser considerado como un conjunto de muchas posibilidades alternativas, aunque una vez que se interacciona con él al medirlo, tal vez solo una se manifiesta y se registra en los aparatos de medición; sin embargo, en condiciones muy especiales, y teniendo mucho cuidado, todo el inmenso conjunto de alternativas, que de alguna manera que se sigue investigando "están ahí", pueden usarse como "puertas lógicas"; al disponer de un número mucho mayor de tales "puertas lógicas" funcionando en paralelo (todas a la vez), la capacidad de un ordenador cuántico es muchísimo mayor.

Entender cómo funciona esto ayudaría seguramente a entender muchos fenómenos que hoy todavía se consideran enigmáticos sobre el Universo, la realidad y la misma teoría cuántica.

Esto nos lleva a pensar de nuevo en lo que la teoría cuántica y la relatividad parecen decirnos sobre la naturaleza de la realidad, y daremos aquí un repaso: En este sentido se podría considerar la teoría cuántica como un avance más en nuestro entendimiento de lo que es el "mundo", tal como se dijo de la teoría de la relatividad.

Las dos nos permiten entender mejor como surgen en nuestra mente los conceptos de "espacio", "tiempo", "materia", "campo", "posición", "trayectoria", "partícula", "onda", las ideas que conforman nuestra concepción esencial del mundo.

Interpretaciones de la teoría cuántica

Desde un principio se propusieron interpretaciones de la mecánica cuántica; ya hemos visto (en otros números de esta serie), que Luis De Broglie sugirió que el electrón era una partícula real, cuyo movimiento era dirigido de alguna manera por una onda (teoría de la onda piloto).

Einstein propuso que la incertidumbre cuántica tal vez solo lo era al nivel que se había llegado a estudiar, pero que a un nivel más profundo podían existir variables no descubiertas o variables ocultas, que regían el comportamiento de las partículas atómicas de una manera completamente determinista.

Bohr, por el contrario defendía que no había que buscar más, había que considerar el mundo atómico como distinto al mundo de la física clásica; como argumentaba Heisenberg, carecía de sentido intentar visualizar ese nivel de realidad, porque pudiera no ser visualizable, al ser más bien el conjunto de leyes y reglas matemáticas que da origen a nuestro nivel de realidad, nuestro mundo clásico perceptible; antes de hacer una medida con algún aparato detector, para conocer la posición de un electrón, este tenía que ser descrito por la función de onda, como una onda extendiéndose, pero una vez que el electrón era detectado en un lugar específico, había que considerar que la "onda desaparecía", pues nunca se la consideró una onda real, sino solo un instrumento de cálculo, un indicador de nuestro desconocimiento de la posición del electrón, que desaparecía en el momento en que dicha posición era detectada y por tanto conocida (de hecho se consideraba que la "posición del electrón" no existía, pues no se manifestaba en nuestro mundo de percepciones, hasta que era medida); esto se conoce como "colapso de la función de onda" (colapso que se produce en el momento de la medida), y a esta interpretación se la llamó "la interpretación de Copenhague", por el físico Niels Bohr. Predominó durante décadas y aún sigue siendo una de las interpretaciones que se consideran; pero desde un principio no satisfizo a todos, y hubo físicos que siguieron investigando sobre otras posibles interpretaciones; en la interpretación de Copenhague, si no podemos decir que la "posición del electrón", o el "electrón en un sitio", existen hasta que no son medidas, entonces hay que entender que antes de eso, lo que existe es una superposición de posibilidades, de todos los posibles lugares en los que puede ser hallado el electrón, posibilidades englobadas en la función de onda; pero las leyes cuánticas se deben aplicar igual a sistemas con más de un electrón; por ejemplo, un sistema de dos electrones tendrá que ser descrito por una única función de onda que incluya todas las posibles configuraciones en las que se podría hallar el sistema al ser observado, y tales configuraciones deben incluir no solo sus posibles posiciones, sino también otras variables como por ejemplo los espines, y de hecho todas las características del sistema estudiado; y por lo dicho antes habría que describir igual un sistema formado por miles o millones de átomos y moléculas, hasta incluso un organismo vivo; para poner de relieve lo paradójico que es esto, Schrödinger ideó un experimento mental: en un recinto o una caja cerrada hay un gato, y un dispositivo con un elemento radiactivo que tiene cierta probabilidad de desintegrarse espontáneamente; si se desintegra, el dispositivo está preparado para que accione un martillo que golpeará y romperá un recipiente que contiene un veneno que matará al gato: aplicando las reglas cuánticas de acuerdo con la interpretación de Copenhague, el sistema entero debe ser descrito por una "función de onda" que incluya todas las posibilidades, y hasta que no destapemos la caja y observemos si el gato está vivo o muerto, la única descripción del sistema que podemos hacer, es que se encuentra en una superposición de todas las posibilidades: el gato está vivo y muerto a la vez; el hecho de que sea el acto de observación el que haga que se reduzcan todas las posibilidades que coexisten, a una sola, llevó a algunos a pensar que podría ser la mente, al hacer una observación consciente, la que causa el colapso de la función de onda; con el tiempo fue posible reducir tanto la intensidad de la luz, que el experimento de la doble rendija se podía hacer enviando un solo fotón cada vez, fotón a fotón, y se puso de relieve, no solo la validez de la teoría cuántica, sino también lo paradójica que efectivamente es; cuando las dos rendijas están abiertas un fotón impacta en un punto de la pantalla detectora y pensamos que ha pasado por una sola de las rendijas; a medida que seguimos lanzando fotones estos van impactando en lugares específicos, pero no en otros, de forma que al final se forma el característico patrón de interferencia de franjas iluminadas y oscuras alternándose; ¿significa esto que cada fotón pasa por las dos rendijas a la vez e interfiere consigo mismo?; si se colocan detectores para saber por cual rendija pasa el fotón, entonces se observa que solo pasa por una, pero entonces ya no aparece al final el patrón de interferencia; al colocar un detector en la rendija, este interacciona con el fotón y altera el resultado final; parece que la teoría cuántica tiene una fuerte naturaleza holística: cuando se monta un dispositivo para hacer un experimento determinado, todo el montaje tiene que ser descrito por una determinada función de onda, pero si añadimos o cambiamos algo ya se trata de otro experimento diferente, que habrá que describir por una función de onda distinta, y el resultado será distinto; el hecho de que, lo que consideramos diferentes partes de un sistema, estén tan imbricados en la función de onda, hace que mantengan una especie de vínculo permanente que da lugar al fenómeno conocido como entrelazamiento cuántico, que fue indicado por Einstein, Podolsky y Rosen, y que se ha confirmado experimentalmente; En general no se duda de la validez de las leyes de la teoría cuántica, confirmadas por los experimentos, aunque se sigue buscando más comprensión; hay problemas sin resolver en física y nuevos descubrimientos podrían revelar aspectos que hasta ahora se desconocen; se han propuesto interpretaciones alternativas a la interpretación de Copenhague; Hugg Everett propuso considerar la función de onda como algo real, y no solo como un artificio de cálculo; de acuerdo con esto todas las posibilidades para un sistema, contenidas en la función de onda, se realizan; cuando se hace un experimento el observador debe ser incluido en la función de onda como parte del sistema, y por tanto también se encuentra en un estado de superposición; cuando se hace una medición u observación, por ejemplo en el experimento de la doble rendija fotón a fotón, cada "fotón" efectivamente interfiere consigo mismo; está en un estado de superposición en el que está a la vez en todos los lugares y estados de su función de onda; pero también todos los elementos del dispositivo, la pantalla detectora y el observador están en un estado de superposición que contiene todas las posibilidades, y todas se realizan: hay un observador que detecta un fotón en un punto de la pantalla, y otros que lo detectan en otros puntos; todos los estados en los que podría encontrarse un observador coexisten, como si fueran observadores que perciben cosas distintas en "universos" ligeramente distintos, pero por definición, cada observador solo es consciente de sí mismo y de su montaje experimental, sus resultados, sus percepciones y su universo; es como si cada uno estuviese en una frecuencia distinta, como cuando las ondas de diferente frecuencia de telecomunicaciones pueden coexistir sin apenas afectarse unas a otras; solo en situaciones muy particulares, como en los experimentos prístinos de laboratorio se perciben fenómenos de interferencia entre universos; es la teoría de los universos paralelos de la mecánica cuántica; de acuerdo con ella, en el experimento del gato de Schrödinger, o en cualquier otro, el universo se ramifica; en una de las ramas el gato está vivo y en otra está muerto.

Por extravagante que parezca muchos piensan que esta interpretación permite comprender los fenómenos cuánticos mejor que cuando se miran bajo el prisma de la interpretación de Copenhague.

Además , cuando se siguen estudiando las consecuencias de tomarla en serio, va emergiendo una comprensión mayor; si seguimos adelante, en un sistema macroscópico hay que tener en cuenta también su interacción con el entorno; por ejemplo, cada uno de nosotros no existe como una entidad aislada; estamos rodeados de otros seres y otras cosas e inmersos en un entorno o ambiente de miles de millones de moléculas; para hallar la función de onda de ese gran sistema, con nosotros incluidos, hay que sumar una cantidad inmensa de ondas que se afectan unas a otras; el resultado es que, si antes de hacer la suma hubiera en alguna parte ondas coherentes, con un orden muy particular, manteniéndose en fase, su interacción con el entorno hará que pierdan la coherencia; se harán decoherentes y no mostrarán indicios de interferencia como los que se ven en el experimento de la doble rendija; eso explicaría que en nuestro mundo cotidiano no veamos fenómenos de interferencia cuántica, y se comporte en general en acuerdo con la física clásica; la decoherencia podría aportar aclaración adicional sobre por qué los universos paralelos no se perciben unos a otros: si en una situación o experimento determinado tenemos una superposición de estados descrita por una sola función de onda, cuando incluimos la interacción con el entorno, debido a que en general los entornos (o sus partes) serán distintos, y también los diversos estados que forman la superposición son ligeramente distintos, el resultado de la interacción serán dos (o más) funciones de onda diferentes; así, se considera que la decoherencia, aunque no elimina los universos paralelos, los separa de tal modo que no se perciben entre sí; también se está considerando que la decoherencia deshaga, por decirlo así, la configuración de muchos sistemas, y solo permita que sobrevivan aquellos que tengan un buen encaje entre sus diferentes partes y con sus entornos; esta idea se conoce como darwinismo cuántico, y su principal proponente, Wojciech Zurek, ha sugerido vagamente que tal vez guarde relación con el darwinismo biológico (quizá sea la raíz del encaje correcto de los seres vivos con su entorno, y el encaje correcto empiece a nivel cuántico); si estas ideas fueran ciertas tal vez se explicarían muchas cosas: Julian Barbour cuando considera las moléculas complejas y su correcta ordenación, indica que la teoría cuántica tiene el potencial de explicar su existencia, pues esas configuraciones están ya ahí de antemano, en la gran superposición de todas las posibilidades; si unimos esto con los estudios de Zurek, se eliminan la mayor parte de las posibles configuraciones por no encajar bien entre sí, ni en ningún entorno, y sobreviven solo los sistemas de encaje correcto; se eliminarían los universos paralelos salvo uno tal vez, pero seguirían existiendo a niveles microscópicos explicando así los fenómenos cuánticos; creo que alguien ha dicho que esto satisfaría tanto a Bohr como a Einstein (¿y a Everett?).

Parecería que el "darwinismo cuántico" de Zurek, va un paso más allá de la decoherencia, ya que podría explicar, no solo que una superposición de estados cuánticos se haga tan distinta al interaccionar los estados con entornos diferentes, de modo que se produzca un "colapso aparente", sino que de hecho podría ser un proceso físico que conduce a un colapso real de la función de onda a un solo estado, sobreviviendo solo los estados cuánticos que tienen un encaje idóneo con el ambiente con el que interactúan, y esto podría explicar muchas cosas o prácticamente todo, resolver el problema de la medida en teoría cuántica, el problema del origen de la información del ADN y de todo el aparato celular necesario simultáneamente para ser operativo: en la teoría cuántica todas las alternativas posibles están ya ahí presentes, incluidas todas las ordenaciones posibles de bases en el ADN, y de aminoácidos en las proteínas etc., pero solo sobreviven las que tienen un encaje idóneo para que no se autoliquiden por no ser funcionales u operativas, un encaje idóneo que tiene que existir con su entorno, de hecho con todo el Universo, formando una unidad holística donde toda pieza tiene que encajar.

¿Es realmente el Universo algo semejante a un computador cuántico?

Se pueden encontrar muchos artículos técnicos sobre este tema tan interesante en Internet, visitando la página "arXiv", donde muchos científicos publican sus "pre-print", sobre física, matemáticas, ciencias de la computación y biología.

Muchos de ellos tratan sobre "informática cuántica", un campo que a nivel teórico está muy desarrollado, aunque es más difícil implementarlo en la práctica.

Aunque son artículos técnicos, la información que presentamos en este libro, se ha preparado con la intención de brindar una base fundamental, que pueda ser asequible a toda persona, y si logra su propósito, tal vez descubras que lo que la ciencia ha revelado hasta ahora, y las ideas que sugieren los nuevos descubrimientos, pueden ser cosas muy interesantes, quizá tan intrigantes y emocionantes como las que se encuentran en los mejores relatos y películas de misterio; y si te gusta la ciencia-ficción, seguramente disfrutarás más de ella, si comprendes los descubrimientos de la ciencia real en los que se fundamenta (muchos descubrimientos científicos, parecen más extraños y enigmáticos que lo que se puede leer o ver en obras de ciencia ficción, y sin embargo, cuando se entienden, nos hacen pensar que "no podría haber sido de otra manera").

El científico Paul Davies llama a las matemáticas "la poesía de la naturaleza", y expresa cierto pesar por el hecho de que muchas personas no puedan acceder a esa "dimensión estética" adicional de la realidad en que vivimos y de la que somos parte, debido a que, por diferentes motivos, sean los que sean en cada caso, no hayan podido aprender el "lenguaje" en el que está escrita esa "poesía". Como dijo también Galileo, el gran impulsor de la ciencia del "Renacimiento", "las matemáticas son el lenguaje en el que están escritas las leyes de la naturaleza".

Con este libro, y los ya publicados que se presentan al final, se pretende, no solo ayudar a los estudiantes, sino también poner al alcance de todo el que esté interesado, explicaciones que faciliten el aprendizaje de ese "lenguaje".

Es muy posible que entonces, muchos lectores puedan disfrutar también de esos artículos más técnicos a los que hemos hecho referencia.

A la vez que se consideran las ciencias fundamentales, y cómo se hicieron los principales descubrimientos en ellas, se consideran también, los principios matemáticos más básicos de la física clásica, la Relatividad y la Teoría cuántica, pero explicando su significado con ejemplos familiares. (Al final de este libro encontrarás, esas sugerencias para lecturas adicionales, que tal vez pueden ser útiles para seguir aprendiendo sobre temas muy interesantes).

Seguimos ahora con el tema de este libro.

¿Qué es la informática cuántica?

Hace años que el famoso físico Richard Feynmann habló de la posibilidad de hacer "ordenadores cuánticos", pero ¿qué es la "informática cuántica"?´

Dicho en pocas palabras tal vez se podría decir que es el resultado de combinar lo que se ha aprendido en "la teoría de la información" con los descubrimientos de "la física cuántica".

Pero vamos a intentar desarrollar más esa descripción simple.

Actualmente, además de los ingenios de "realidad virtual" y "realidad simulada", en los que se trabaja para conseguir cada vez un grado mayor de realismo, y se están utilizando en algunos estudios científicos, se hacen también "simulaciones por ordenador" de muchos de los procesos que se dan en la naturaleza.

Ya en los años sesenta del siglo XX, el matemático y meteorólogo Edward Norton Lorenz, haciendo una simulación por ordenador para predecir el tiempo meteorológico, descubrió que una variación muy pequeña en los datos iniciales podía conducir a resultados de salida totalmente diferentes, lo que dio origen a la expresión "efecto mariposa", porque al parecer, cuando dio una conferencia sobre sus hallazgos, planteó en forma de pregunta, si el aleteo de una mariposa en Brasil podría generar un tornado en Texas.

El matemático Henri Poincaré ya había señalado, a partir de sus investigaciones sobre "el problema de los tres cuerpos" (que tiene que ver con la dificultad de "calcular" la interacción gravitatoria, cuando simplemente se introduce un "tercer objeto", debida a las influencias mutuas entre los tres), que una perturbación muy pequeña puede generar resultados muy diferentes.

Y actualmente la "teoría del caos y la complejidad" estudia la dinámica de sistemas complejos, en los cuales la predicción se hace muy difícil; aunque las leyes por las que se rigen muchos procesos del mundo natural, se consideren "leyes deterministas", interaccionan entre sí tantos factores que la predicción para tales sistemas se hace muy difícil.

Pero se siguen utilizando los ordenadores para pronosticar el tiempo meteorológico, pues las predicciones <u>a corto plazo</u> , sí suelen ser útiles; es por eso que el "parte meteorológico" se da <u>a diario</u> en las noticias.

Y se hacen simulaciones por ordenador de muchos otros procesos naturales, que resultan muy útiles en la investigación científica; el desarrollo de máquinas que pudiesen hacer cálculos a mucha velocidad fue una de las motivaciones principales para el desarrollo de la informática.

Para hacer una simulación determinada, se requiere un "programa", en el que las leyes conocidas del proceso que se quiere estudiar son las "instrucciones" del programa; entonces se introducen los "datos de entrada", que son procesados por esas instrucciones, para ver a qué resultado conducen: los "datos de salida".

Cuando se estudia un proceso físico determinado, la "leyes" que se conocen acerca de él, no bastan para investigar la evolución del sistema. Hay que partir de unas "condiciones iniciales", sobre las que las "leyes" van a operar; o dicho de otra manera: las ·condiciones iniciales van a ser sometidas a la operación de esas "leyes", que se expresan en lenguaje matemático, van a ser "procesadas" por ellas, y se va a llegar a un resultado determinado, que depende de ambas cosas. En muchos casos, además, si se conocen ciertas condiciones que el proceso o el sistema deben cumplir necesariamente, los cálculos se facilitan; a esas otras condiciones se les llama "condiciones de contorno" o "condiciones de frontera".

Algunos científicos han expresado que si la informática siguiese progresando, y se dispusiese de la suficiente potencia de cálculo, como para hacer una "simulación por ordenador" de todo el Universo, de toda la Realidad, que fuese "perfecta", tal simulación sería **indistinguible** del Universo real.

Por supuesto, la complejidad del mundo real es tan grande, que probablemente estamos muy lejos aún de conseguir algo así; pensemos por ejemplo en la impresionante complejidad de un cerebro humano; y si, como dijimos antes, hay dificultades enormes para siquiera hacer cálculos cuando interaccionan "tres cuerpos", es estremecedor siquiera pensar en los "cálculos" que serían necesarios si incluimos nada menos que ¡todo el Universo! (aunque…¿quién sabe?..., la ciencia y la tecnología han avanzado a un ritmo exponencial desde Copérnico, Kepler, Galileo y Newton).

Pero además de "potencia de cálculo" (la capacidad de hacer cálculos a un ritmo vertiginoso), hay otras cosas que tenemos que considerar: por un lado tendríamos que conocer a la perfección las "verdaderas leyes", pues las "instrucciones" del hipotético "programa" tendrían que ser esas para hacer una simulación perfecta e indistinguible. Tendríamos que saber además si el "Universo conocido" hasta ahora es todo lo que hay. Lo que conocemos podría ser solo una pequeña parte de todo lo que existe. Por otro lado está el asunto de saber si todo es "computable". En el mundo matemático se considera probado que "existen cosas no computables". Alan Turing utilizó una forma alternativa del famoso "teorema de Gödel" de la lógica matemática para llegar a la conclusión de que hay "números" que no son el resultado de ninguna computación. Llegó a esa conclusión por medio del llamado "corte diagonal", que el matemático Georg Cantor introdujo en sus estudios sobre el "infinito". Imaginemos que dispusiéramos de una lista infinita de números, cada uno de infinitas cifras, incluyendo todos los tipos de números que conocemos. A primera vista uno podría pensar que todo número posible tiene que estar en esa lista, pero tal como Cantor descubrió otro tipo de números (los transfinitos), Turing usó el "corte diagonal" de Cantor para mostrar que existen números no computables. El "corte diagonal" consiste en hacer algún cambio en la primera cifra del primer número de la lista, y luego hacer lo mismo con la segunda cifra del segundo número, y a continuación hacer lo mismo en el tercero…etc. El número formado así en la "diagonal" de esa tabla numérica infinita, no puede estar en la lista, porque difiere de cada uno de ellos en, al menos, una cifra. El "infinito" encierra ese tipo de misterios y muchos más, pero las matemáticas no pueden prescindir de él, pues tienen que utilizar muchos "conjuntos infinitos", siendo el conjunto de los números naturales uno de los más familiares.

Pero dejando aparte el asunto de los números "no computables" (que es muy interesante, y merece un tratamiento extenso que nos desviaría de lo que estamos considerando; ¿quién sabe qué misterios sobre la realidad se desvelen al proseguir su estudio y lo que tal vez puedan significar?...de momento nos quedamos solo con la idea de que tienen que ver algo con el "infinito"), dejando aparte tales números, vamos a concentrarnos en las otras dos ideas: "potencia de cálculo" y "las verdaderas leyes".

Y aquí es donde entra en juego la "informática cuántica". Empecemos con el tema de la "potencia de cálculo" (la capacidad de hacer cálculo a velocidades vertiginosas).

Hay cálculos muy extensos que se tienen que hacer muchas veces en ciencia, pero que se pueden subdividir en muchos cálculos más pequeños, que requieren menos tiempo; lo que hacen los científicos en tales casos es repartir el trabajo entre ellos (o entre sus estudiantes avanzados); cada uno hace su parte del cálculo, todos a la vez, y cuando han terminado completan la tarea a partir de los resultados de todos ellos.

Para ilustrarlo con un ejemplo sencillo, supongamos que el profesor escribe en la pizarra una cantidad de cifras, dispuestas en filas y columnas, que llenan toda la pizarra, y les dice a los alumnos que hagan la suma.

Es una suma larguísima; la operación no es difícil, pero va a consumir mucho tiempo, y la probabilidad de cometer errores es alta.

Pero entonces el profesor propone un método para aliviar a los alumnos, y que conseguirá el resultado con más rapidez.

A cada uno de ellos le asigna solamente sumar una columna; uno sumará las unidades, otro las decenas, otro las centenas etc.

Todos sumarán a la vez su columna asignada y terminarán aproximadamente al mismo tiempo.

Finalmente darán un último paso para completar la tarea: el que ha sumado las unidades, le pasará una cifra al que ha sumado las decenas, el número de decenas que ha obtenido al sumar las unidades, y el que ha sumado las decenas añadirá ese número a su resultado, y a continuación pasará el número de decenas obtenido al que ha sumado las centenas, que hará lo mismo, y así hasta que tengan el resultado final.

No cabe duda que con ese método cada uno trabajará menos y entre todos obtendrán el resultado antes.

Eso ilustra lo que es una "computación en paralelo" que se emplea ya hoy con ordenadores normales.

Ahora, para entender como un "ordenador cuántico" podría hacer cálculos enormes en muy poco tiempo, necesitamos saber un poco sobre el funcionamiento de los ordenadores normales.

Hace ya tiempo, antes del desarrollo al que ha llegado actualmente la electrónica, los matemáticos empezaron a preparar el camino, buscando métodos de hacer cálculos muy largos en el menor tiempo posible; después consideraremos alguno.

Los científicos sabían que para progresar en el entendimiento del mundo, se necesitaban métodos y máquinas para hacer cálculos extensos con rapidez.

Pero también se interesaban en otro asunto muy interesante: el funcionamiento del cerebro humano.

Parece que el cerebro humano tiene que hacer muchas computaciones y a gran velocidad, pues coordina todas las actividades internas y externas del organismo.

Aristóteles había tratado de hallar y sistematizar las "reglas" que se deberían seguir en los procesos de razonamiento, para llegar a conclusiones verídicas.

Y George Boole desarrolló lo que podríamos llamar un "álgebra de la lógica", un conjunto de reglas matemáticas para tales "operaciones lógicas".

Si queremos llegar a conclusiones verídicas, es fundamental determinar qué condiciones se tienen que cumplir para determinar si algo es verdadero o falso.

Hay un juego que se practica a veces, en el que una persona tiene que averiguar algo que otros han pensado, y para ello se le permite ir haciendo una serie de preguntas, pero solo puede recibir como respuesta un "sí" o un "no", es decir, lo que ha preguntado es "verdadero" o es "falso".

Parece simple, pero con un método en apariencia tan sencillo, al final se suele conseguir dar con la respuesta correcta.

Con cada pregunta se van descartando opciones, y ese sencillo proceso de selección entre alternativas va "confinando" las múltiples posibilidades, haciendo que, por decirlo así, el "camino" para llegar al resultado correcto se haga cada vez más "estrecho", y al final se llega a la respuesta correcta.

Figurativamente, se podría decir que al principio del juego, se ponen ante el jugador una gran cantidad de caminos que se van bifurcando; al llegar a cada bifurcación, la respuesta que obtenga a la pregunta que haga, le irá indicando la opción que debe elegir y la que debe descartar.

Es curioso que pudiendo recibir solo dos tipos de respuesta, pueda llegar a la conclusión correcta si se le permite hacer el número suficiente de preguntas.

De igual manera, en el álgebra de Boole, se pueden realizar complejas operaciones aritméticas y lógicas de una manera parecida: hay unas pocas operaciones básicas, que permiten llegar al resultado que se quiera obtener.

En la "disyunción" una proposición será verdadera si cumple una sola de entre dos opciones (si se cumple 1 "o" 2....). En la "conjunción" debe cumplir las dos (si se cumple 1 "y" 2....)

Turing también estaba interesado en el entendimiento del cerebro y la mente. Ideó el concepto conocido como "máquina de

Turing". No hizo ninguna máquina real, pero desarrolló un concepto de cómo una "maquina" podría de una manera muy sencilla realizar tareas computacionales.

Estos investigadores y otros prepararon el camino para el desarrollo de la informática.

Los ordenadores utilizan para hacer sus computaciones "puertas lógicas"'. ¿Qué es una "puerta lógica"?

Como indica el uso de la palabra "puerta", algo entra por ella y también algo sale. Las "puertas lógicas" de los ordenadores implementan las operaciones aritméticas y lógicas del álgebra de Boole, es decir, las llevan a cabo, las realizan.

Y como vimos antes, y lo ilustramos con el juego de las preguntas, no hace falta una gran cantidad de tipos diferentes de puertas lógicas. Básicamente se utilizan las llamadas **"OR"** ("o"), **"AND"** ("y"), y **"NOT"** ("negación"), y algunas combinaciones de ellas, pero ya hemos visto que, como en el juego de las preguntas, se pueden "encaminar" y dirigir los "datos", la "información" por infinidad de rutas distintas, para conseguir el resultado que se quiera obtener.

Por eso los ordenadores pueden hacer tantas cosas diferentes. Eso fue algo que previó Turing cuando desarrolló el concepto de su "maquina", y lo extendió al de "maquina universal": una sola "máquina de Turing" puede realizar cualquier función, y no hace falta una diferente para cada tarea.

Un ordenador actual reúne en un solo aparato las funciones de "máquina de escribir", "reproductor de imagen y sonido·, "medio de comunicación" e infinidad de cosas más; un solo aparato realiza las funciones que antes realizaban diferentes aparatos, como un televisor, una radio, un reproductor de música, etc. . Se le puede programar para muchas cosas. En el comienzo, cuando un ordenador ocupaba una sala entera de un edificio, para "cambiar de programa" había que cambiar el "cableado" de los circuitos, pero con el invento del transistor, el microchip y otras técnicas, ahora los ordenadores se pueden tener en los hogares y llevarlos a cualquier parte, y otros dispositivos informáticos se pueden incluso llevar en el bolsillo.

Cambiar el "cableado" de un conjunto de circuitos eléctricos, equivale ahora, en los ordenadores actuales, a cambiar de programa o de configuración.

Físicamente, las puertas lógicas son circuitos cuyo diseño permite que los "datos" que entran en forma de impulsos eléctricos, realicen las funciones descritas antes; por ejemplo para la puerta "AND" tendrán que cerrarse dos interruptores para que la corriente siga adelante, y para la puerta "OR" bastará con que se cierre uno de entre dos opciones.

El microprocesador de un ordenador contiene muchos circuitos eléctricos miniaturizados que contienen las puertas lógicas descritas, que dirigen o encaminan la información por la ruta adecuada, dependiendo de la función que tengan que desempeñar, divisores de tensión o de corriente, equipados con resistencias eléctricas de diferentes valores, pueden hacer que la corriente vaya por un lugar u otro, dependiendo del valor de la corriente de entrada, y los "datos", convertidos en impulsos eléctricos pueden codificarse, usando el sistema de numeración binaria, y el hexadecimal.

Así, el desarrollo de la electrónica ha permitido que las operaciones matemáticas y lógicas se puedan realizar a mucha velocidad, y esto se puede aplicar para realizar infinidad de funciones distintas.

¿Por qué se piensa que un "ordenador cuántico" serviría para elevar la velocidad y potencia de cálculo hasta un nivel impresionante, con respecto a la de los ordenadores actuales?.

La respuesta está en lo que hemos considerado antes sobre la "función de onda cuántica".

Desde que se descubrió la teoría cuántica se ha estado debatiendo sobre cómo debe interpretarse, y qué nos dice sobre la naturaleza de la realidad.

Al principio predominó la ·interpretación de Copenhague, llamada así por el papel predominante que desempeñó en ella el físico danés Niels Bohr. En ella no se considera que la "función de onda" sea algo verdaderamente real; puede serlo como mucho en sentido matemático, puesto que inevitablemente forma parte esencial de la matemática de la teoría, pero no se considera algo verdaderamente físico, sino que representa algo así como nuestro desconocimiento de los valores de las variables que caracterizan un sistema físico, variables como la "posición" o el "momento" de una partícula. Cuando se hace una medida y se detecta la "posición tal desconocimiento ya no existe, porque ahora la medida realizada revela la "posición" de la partícula, y por tanto se considera que en ese momento la función de onda "deja de existir"; en realidad nunca se la consideró "real", sino una descripción que hay que utilizar debido a nuestro desconocimiento de los valores de las diferentes variables, desconocimiento que "desaparece" cuando se lleva a cabo la medida. Se considera entonces que la "función de onda" deja de existir, y se dice que ha "colapsado", y se considera que desde la "posición" medida, "empieza a evolucionar en el tiempo" una nueva "onda", que colapsará cuando se haga la siguiente medida de "posición".

Desde el principio esta interpretación fue objeto de intenso debate, y cuando el famoso experimento de la doble rendija, que pone de manifiesto las características ondulatorias de las "partículas cuánticas", se realizó enviando hacia la pantalla, no una gran cantidad de partículas a la vez, sino de una en una, los resultados que ya hemos comentado, parecían una poderosa evidencia de que había que atribuir, a <u>todas las alternativas presentes</u> en la "función de onda", un status mayor de "realidad", que el que se les atribuye en la "interpretación de Copenhague".

Actualmente hay muchas interpretaciones de la teoría cuántica y de lo que nos parece decir sobre la naturaleza de la realidad, y también hay variantes de las diferentes interpretaciones. En la interpretación de "muchos mundos" (llamada a veces "interpretación de estado relativo"), se considera que todas las alternativas son reales o se realizan, llegan a ser, pero en diferentes "universos" que coexisten pero no se perciben mutuamente. Otras propuestas consideran que la "función de onda" es efectivamente real, pero que, por diversas razones, dependiendo de la interpretación, las alternativas se "reducen" a solo una de entre ellas.

Los estudios sobre la "decoherencia", algo que se remonta hasta la idea propuesta por De Broglie, y que condujo a la ecuación de Schrödinger, el hecho de que la "interferencia" hace que muchas de las "ondas" se cancelen debido a que sus fases no coinciden, han avanzado ahora hasta considerar el resultado al que se llega cuando se consideran sistemas cuánticos grandes que interaccionan con sus entornos.

La informática cuántica considera que todas las posibilidades alternativas, que como vemos, de alguna manera que se sigue investigando, "están ahí" antes de que se produzca la decoherencia, pueden ser utilizadas como "puertas lógicas".

En informática la "unidad elemental de información" es el "bit", que puede tomar dos valores, representados por 0 y 1 (que equivaldría a "off" y "on"), pero en informática cuántica, la unidad elemental es el "qubit" (o "bit cuántico"), que puede tomar los valores 0 y 1, y <u>además</u> el "estado de superposición cuántica: 0 y 1 a la vez".

Por ejemplo, la "función de onda de espín" de un electrón, contiene los estados: "espín arriba", "espín abajo", pero, hasta que no se realiza la medida se considera que está en un estado de superposición de las dos alternativas, que se puede representar así:

$$\frac{1}{\sqrt{2}} \ |espín \ arriba\rangle + \frac{1}{\sqrt{2}} \ |espín \ abajo\rangle$$

Para hacernos una idea de las enormes posibilidades que esto ofrece, consideremos lo siguiente: cómo ya se ha explicado, en la "función de onda" de un sistema de muchas partículas, hay que incluir todas las alternativas posibles en qué pudieran disponerse, es decir, todas las **permutaciones** posibles

Si tenemos dos elementos, dos letras, por ejemplo, hay dos maneras posibles de ordenarlas o permutarlas:

$$a \quad b$$
$$b \quad a$$

Si introducimos una tercera letra, podemos colocarla en cada una de las dos filas de arriba, de las siguientes maneras:

$$c \quad a \quad b$$
$$a \quad c \quad b$$
$$a \quad b \quad c$$

en la primera fila, y en la segunda:

$$c \quad b \quad a$$
$$b \quad c \quad a$$
$$b \quad a \quad c$$

De manera que obtenemos 6 permutaciones posibles, puesto que, en cada una de las dos ordenaciones originales, podemos colocar la tercera letra en tres lugares distintos: al principio, en medio y al final; si ahora introducimos una cuarta letra:

$$d \quad c \quad a \quad b$$
$$c \quad d \quad a \quad b$$
$$c \quad a \quad d \quad b$$
$$c \quad a \quad b \quad d$$

Como vemos podemos colocar la nueva letra en cuatro lugares distintos en la primera fila, y tenemos seis filas, en cada una de las cuales podemos hacer lo mismo, de modo que el número total de permutaciones de 4 objetos es:

$$6 \times 4 = 24$$

Vemos por tanto que para dos objetos el número de permutaciones es 2, para 3 objetos es 2 x 3 = 6, para 4, 2 x 3 x 4 = 24, y en general para "n" objetos:

$$1 \times 2 \times 3 \times 4 \times 5 \times \ldots\ldots\ldots\times n = n!$$

(que se lee: "n factorial")

El crecimiento de las permutaciones posibles va siendo cada vez mayor con cada nuevo objeto que se añade.

En una "función de onda" de un sistema de muchas partículas el número de permutaciones posibles puede ser enorme; si todas "están presentes", antes de que haya "decoherencia", o "reducción del vector de estado", o "colapso de la función de onda", y se pueden utilizar todas para hacer **<u>simultáneamente</u>** distintas computaciones en cada una, la capacidad de cálculo puede ser inmensa.

Para ello hay que usar como "puertas lógicas" los estados cuánticos en que se encuentra el sistema físico que se utilice, como el estado representado antes por la expresión:

$$\frac{1}{\sqrt{2}} \; |espín \; arriba\rangle + \frac{1}{\sqrt{2}} \; |espín \; abajo\rangle$$

(El factor: $\frac{1}{\sqrt{2}}$ se incluye para "normalizar" la función de onda, lo que significa que la "suma" o la integral de "todas las posibilidades alternativas" debe ser igual a 1, cómo se requiere en el cálculo de probabilidades; por ejemplo, un dado tiene seis caras, y la probabilidad de que salga una de entre ellas es $\frac{1}{6}$, una entre seis; si sumamos las probabilidades de todas las alternativas posibles debemos obtener la unidad, puesto que en el lanzamiento, aunque no sabemos qué cara saldrá, podemos estar seguros de que "una de entre ellas saldrá": $\frac{1}{6} + \frac{1}{6} + \frac{1}{6} + \frac{1}{6} + \frac{1}{6} + \frac{1}{6} = \frac{6}{6} = 1$)

Una "puerta lógica cuántica" es, por ejemplo, la puerta de Hadamard. Tal como en un ordenador, el resultado de hacer pasar un "dato" por una puerta lógica, que como vimos antes es un circuito diseñado para efectuar una determinada operación, dependerá del "dato" de entrada, y del tipo de puerta lógica por el que se le haga pasar, algo semejante ocurre con las puertas lógicas cuánticas, salvo que se trata no de los elementos de un circuito electrónico, de los muchos que contiene el microprocesador, sino de un elemento de un sistema cuántico.

La operación que efectúa una puerta lógica cuántica se representa en el lenguaje matemático de la teoría cuántica. La "función de onda" se llama a veces también "vector de estado", porque la estructura matemática en la que evoluciona es el "espacio de Hilbert", que es un "espacio vectorial", puesto que el "vector de estado" cumple las mismas propiedades que los vectores familiares en el espacio tridimensional, pero en espacio matemático $\infty - dimensional$. Los vectores se pueden representar en forma de matriz, colocando sus componentes como los elementos de la matriz, y de hecho, aunque en general una matriz es una tabla numérica dispuesta en filas y columnas, cuando solo tienen una fila o una columna se las llama "vector fila" o "vector columna".

Veamos ahora un ejemplo de cómo se representa la acción de una puerta lógica cuántica sobre un vector de estado cuántico.

La puerta de Hadamard se representa así:

$$Had = \frac{1}{\sqrt{2}} \begin{pmatrix} 1 & 1 \\ 1 & -1 \end{pmatrix}$$

Si representamos los estados de base del vacío $|0\rangle$, $|on\rangle$ y $|off\rangle$ como los vectores $\begin{pmatrix} 1 \\ 0 \end{pmatrix}$ y $\begin{pmatrix} 0 \\ 1 \end{pmatrix}$, respectivamente, la acción de la puerta de Hadamard sobre cada uno de ellos es:

$$Had\,|0\rangle = \frac{1}{\sqrt{2}} \begin{pmatrix} 1 & 1 \\ 1 & -1 \end{pmatrix} \begin{pmatrix} 0 \\ 1 \end{pmatrix} = \frac{1}{\sqrt{2}} \left[\begin{pmatrix} 1 \\ 0 \end{pmatrix} + \begin{pmatrix} 0 \\ 1 \end{pmatrix} \right] = |1\rangle^a$$

$$Had\,|0\rangle = \frac{1}{\sqrt{2}} \begin{pmatrix} 1 & 1 \\ 1 & -1 \end{pmatrix} \begin{pmatrix} 1 \\ 0 \end{pmatrix} = \frac{1}{\sqrt{2}} \left[\begin{pmatrix} 1 \\ 0 \end{pmatrix} - \begin{pmatrix} 0 \\ 1 \end{pmatrix} \right] = |1\rangle^s$$

Donde la "a" y la "s" colocada sobre el símbolo del estado final que resulta en cada caso, significan "antisimétrico" y "simétrico", respectivamente (podemos notar que los dos resultados finales se diferencian solo en el signo)

A nivel teórico la informática cuántica, desarrolla las puertas lógicas adecuadas de acuerdo con las leyes de la teoría cuántica, así como algoritmos (procedimientos matemáticos) cuánticos que permitan realizar cálculos efectivos.

Se han llevado a cabo computaciones cuánticas, pero en condiciones de alto vacío y temperaturas muy bajas, para que el sistema cuántico utilizado no se vea afectado por el entorno y experimente decoherencia.

Se están llevando a cabo estudios sobre qué tipo de ingenios permitirían la construcción de ordenadores cuánticos que puedan evitar esos efectos, manteniendo la coherencia el tiempo necesario, y hay diversas propuestas; por ejemplo se podrían usar "trampas de iones", una combinación de campos eléctricos o magnéticos que confina iones en algún dispositivo en el que se ha hecho el vacío, el uso de espines nucleares de moléculas en disolución en aparatos de resonancia magnética nuclear, el empleo de dispositivos ópticos y otros.

Por otro lado se estudian procesos naturales donde parece que se efectúa "computación cuántica" a temperatura ambiente, como en la fotosíntesis, donde se han hecho descubrimientos que parecen indicar que las plantas la utilizan para el aprovechamiento más eficiente de la energía de la luz solar.

Y aunque es un asunto muy debatido, hace tiempo que Roger Penrose y Stuart Hameroff están proponiendo que en el cerebro humano podrían tener lugar procesos cuánticos en los citoesqueletos de las neuronas, en unas estructuras llamadas "microtúbulos", compuestas por una proteína llamada "tubulina", y donde parece haber un aislamiento efectivo, lo que hace recordar la propuesta sobre el uso de "trampas iónicas".

Lo que hemos considerado hasta aquí, ya nos puede permitir entender por qué la computación cuántica puede incrementar enormemente la potencia y velocidad de cálculo.

Hablemos ahora del segundo asunto: las "verdaderas leyes".

Para hacer una simulación por ordenador del Universo "perfecta", que fuese indistinguible de lo que consideramos el verdadero Universo, las "instrucciones" del programa que lo simulara corresponden a lo que llamamos las "leyes del Universo", las que rigen los fenómenos y procesos que se dan en él, pues si quisiéramos usar la simulación para ver qué ocurriría a cualquier "cosa" que introdujésemos en él (codificada como información), lo que introdujésemos sería sometido a la operación de esas "instrucciones", sería procesado por ellas y arrojaría un resultado determinado, tal como todo lo que hay en el

Universo está sometido a la operación de las leyes que rigen en él.

Aunque parece que no sabemos cuales son las "leyes fundamentales" auténticas, puesto que, por ejemplo, todavía no se considera que haya una teoría definitiva de "Gravedad cuántica", aunque hay muchas propuestas muy interesantes, sí parece claro que las leyes de la teoría cuántica se aproximan más que las de la física clásica.

Eso nos hace pensar que las instrucciones del programa que simulase a la perfección el Universo deberían ser semejantes a las leyes cuánticas y no a las clásicas.

Y eso nos lleva directamente a la siguiente conclusión: si el Universo pudiese ser simulado por un ordenador cuántico, y la simulación fuese **indistinguible** del Universo real, entonces el Universo es un ordenador cuántico.

Se están haciendo muchas propuestas en ese sentido, y son muy interesantes.

No obstante creo que es bueno que recordemos que falta mucho por descubrir, y que lo más probable es que nunca lo sepamos todo, pero aun así el mantenernos al día con los descubrimientos que se siguen haciendo es provechoso, y la Realidad en que vivimos es majestuosa y no deja de sorprendernos. Es sumamente interesante seguir aprendiendo de ella.

Como hemos visto, para entender lo que es la "informática cuántica", es necesario entender "informática" y también es necesario entender "teoría cuántica".

Actualmente algunos científicos dicen que "la información es física", y que "la informática cuántica es mecánica cuántica".

Creo que lo que hemos considerado nos permite entender el "por qué" de esas declaraciones.

Entre las "sugerencias para lecturas adiccionales", que se presentan al final, hay libros escritos con la intención de que sean útiles para considerar la historia de la teoría cuántica, y para tratar de entender sus conceptos, e incluso algo de su matemática; también para comprender la otra gran teoría que se descubrió en el siglo XX, la Relatividad. Juntas nos han conducido a la sorprendente imagen de la Realidad que actualmente se tiene; parece claro que están relacionadas; un indicio muy fuerte son los descubrimientos que brotaron de repente cuando se unió la relatividad especial con la mecánica cuántica, lo que condujo al desarrollo de la teoría cuántica de campos.

Las dificultades para conseguir lo mismo con la Relatividad General pudieran ser un indicio de que hay algún secreto muy profundo esperando a ser descubierto, y el pensar eso hace el asunto aún más misterioso, intrigante e interesante; sigamos adelante pues para aprender más de estas dos teorías.

Para ello se remite aquí a otros libros ya publicados por el autor, para profundizar en muchos temas, que tal vez puedan interesarte:

Puedes seguir adelante, paso a paso, y llegar a entender matemáticas avanzadas, que te permitirán disfrutar de un entendimiento profundo del mundo en qué vivimos, y de las muchas cosas interesantes y asombrosas que se han descubierto en él, así como ayudarte en tus estudios, si lo necesitas.

MATEMÁTICAS

Es conveniente empezar a entender sus conceptos desde el nivel más elemental, y poner un buen fundamento, aunque no todos quizá lo necesiten.

Estos libros pueden ayudarte a ello:

Y a continuación ya estarás preparado para pasar a los niveles siguientes, que se consideran aquí:

"MATEMÁTICAS:
Visión y repaso
general; Derivadas;
Ecuaciones
diferenciales y
métodos de
solución; Aplicación:
`El oscilador
armónico´";

Preparación y ayuda
para el nuevo curso (5)

Juan Villalba

MATEMÁTICAS
PARA LA
UNIVERSIDAD,
1

Juan Villalba

MATEMÁTICAS
PARA LA
UNIVERSIDAD,
2

Relatividad general
(Cálculo Tensorial)

Juan Villalba

FÍSICA

Estos pueden ser útiles para entender la diferencia entre las "ondas" habituales, como las ondas sonoras, o las que se propagan en la superficie del agua de un estanque, y la "función de onda" de la Teoría cuántica:

![El "gato de Schrödinger" y el enigma de la Física cuántica — Juan Villalba](book-cover-1)

El "gato de Schrödinger" y el enigma de la Física cuántica

Juan Villalba

TEORÍA
CUÁNTICA (2):
SIGNIFICADO
DE LA
"FUNCIÓN DE
ONDA"

Preparación y ayuda para
el nuevo curso (12)

Juan Villalba

Y estos pueden ser muy interesantes y útiles para entender los descubrimientos más relevantes de todos los campos de estudio de la ciencia:

En el primero se amplía la información considerada aquí, incluyendo más información sobre "química", considerando el papel del cerebro en nuestra concepción de la realidad, la "fisiología" del cuerpo humano, las propuestas sobre que podríamos estar viviendo en una "realidad simulada", que el fundamento básico de la Realidad tal vez no sean la "partículas elementales", sino la "información", que el "mundo físico" y el "mundo matemático" podrían ser lo mismo, lo que nos permitiría comprender su "existencia necesaria", ya que los conceptos matemáticos son considerados por muchos científicos y filósofos como "verdades necesarias, eternas e intemporales", que existen por pura necesidad lógica, ideas que se remontan a filósofos griegos como Parménides y Platón, y se comentan las intrigantes y sugerentes ideas que se están proponiendo para "reconciliar" Relatividad General y Teoría Cuántica: Teoría de cuerdas, Supercuerdas y Teoría M, ofreciendo explicaciones sobre las dimensiones adicionales que requieren estas teorías, por qué las requieren y qué pueden significar. Se comentan también las otras propuestas principales de "Gravedad cuántica": "gravedad cuántica de bucles (o lazos), "twistors", "conjuntos causales", "dinámica de formas" etc.

Y para saber sobres otros descubrimientos sorprendentes
y muy interesantes:

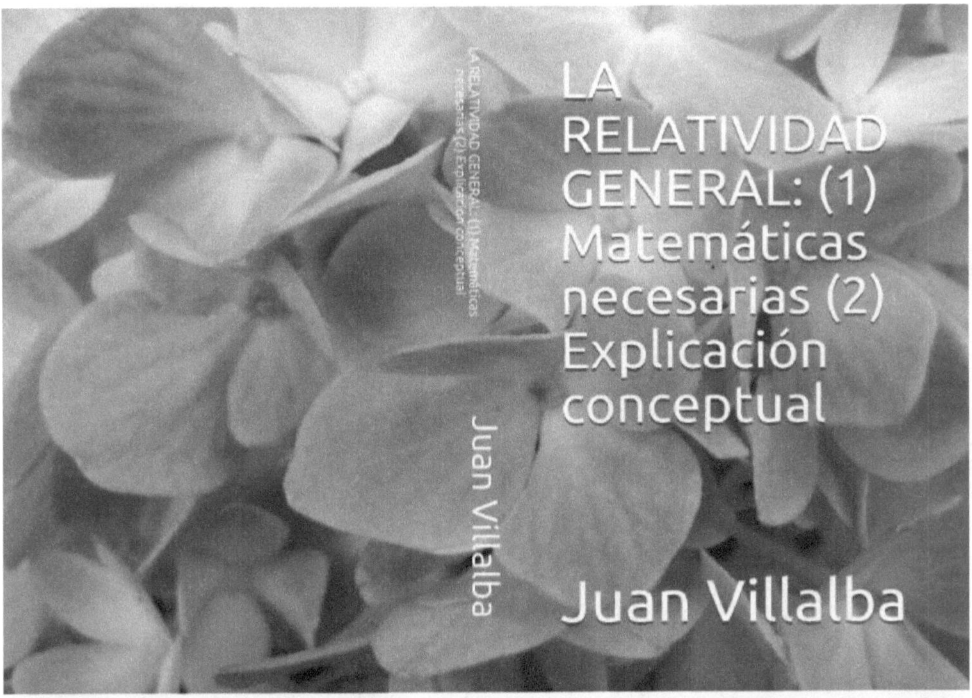
LA RELATIVIDAD GENERAL: (1) Matemáticas necesarias (2) Explicación conceptual
Juan Villalba
LA RELATIVIDAD GENERAL: (1) Matemáticas necesarias (2) Explicación conceptual
Juan Villalba

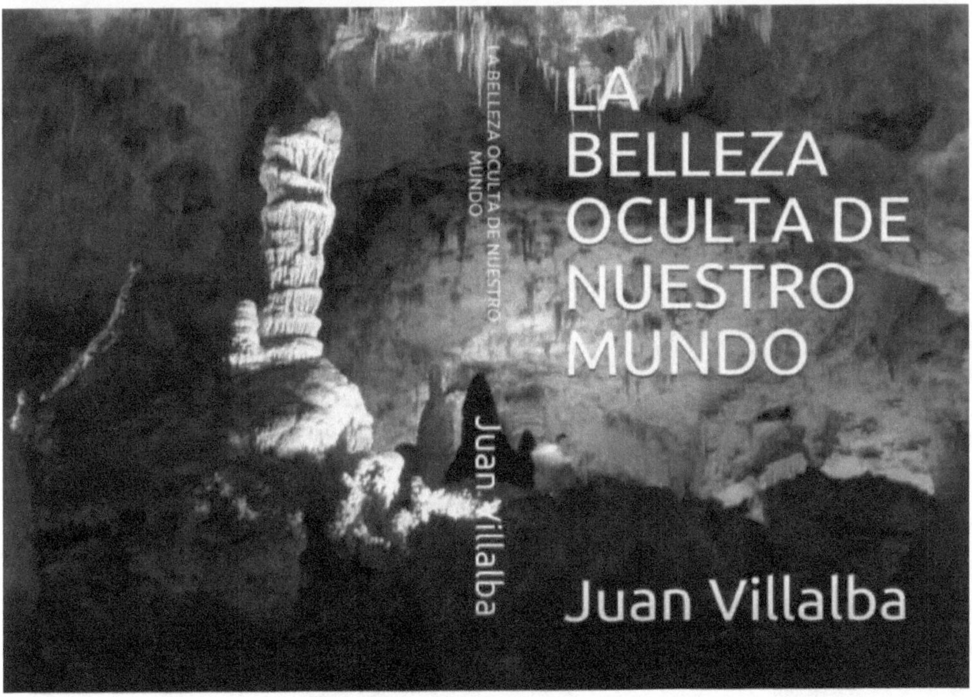
LA BELLEZA OCULTA DE NUESTRO MUNDO
Juan Villalba
LA BELLEZA OCULTA DE NUESTRO MUNDO
Juan Villalba

Hay poesía en la naturaleza
poesía en la naturaleza
Juan Villalba
Juan Villalba

CIENCIA PARA FILÓSOFOS (1)
CIENCIA PARA FILÓSOFOS (1)
Juan Villalba
La influencia de Einstein en la ciencia
Juan Villalba

TIEMPO Y ETERNIDAD
(¿qué es la realidad?)

"Temporal" e "Intemporal" podrían ser dos maneras de percibir la misma Realidad

Si te gusta el arte pero no la ciencia, tal vez pueda interesarte lo que expresó el científico Paul Davies; quizá te ayude a disfrutar de una "dimensión estética" adicional:

Y sobre otras materias:

Estos tratan temas interesantes y útiles sobre Sociología, Historia y Filosofía:

Aunque mucho de lo que contienen ya está en algunos de los otros, pues cada uno se dirige a lectores con intereses diferentes, cada uno incluye información adicional que puede interesarte.

Pero para los que aman la vida y las maravillas de la realidad que habitamos, pero deploran las injusticias y la vida desdichada de muchos, así como los estragos que se están haciendo en nuestro bello planeta azul, puede resultar especialmente interesante este:

www.ingramcontent.com/pod-product-compliance
Lightning Source LLC
Chambersburg PA
CBHW030523220526
45463CB00007B/2686